Inhalt

Green IT - die Kommunikationsbranche hat den Umweltschutz entdeckt

Kernthesen

Beitrag

Fallbeispiele

Weiterführende Literatur

Impressum

Green IT - die Kommunikationsbranch hat den Umweltschutz entdeckt

I.Zeilhofer-Ficker

Kernthesen

- Zwei Prozent der weltweiten Kohlendioxidemissionen lassen sich der Informations- und Kommunikationstechnik zuordnen.
- Nun hat die Branche das Thema Umweltschutz für sich entdeckt und viele IT-Unternehmen haben dies genutzt, um ihre Energiespar- und Umweltschutzmaßnahmen möglichst verkaufsfördernd publik zu machen.

- Verschiedenste Anstrengungen sind zugange, um den Energieverbrauch von Datenverarbeitungszentren und PCs während des Betriebs zu senken.

Beitrag

Bisher warben die Infomations- und Kommunikationsindustrie fast ausschließlich mit mehr Leistung, höherer Geschwindigkeit und leichterer Nutzbarkeit. Dass mehr Leistung aber auch mehr Energieverbrauch bedeutet, wurde bisher kaum beachtet. Im Medienrummel des von CO_2-Emissionen verursachten Klimawandels hat nun die IT-Branche den Klimaschutz für sich entdeckt.

Branche mit gravierenden Auswirkungen

Internet und PC sind heutzutage sowohl im Geschäfts- als auch im Privatleben kaum noch wegzudenken. Emails werden geschrieben, Fotos und Videos werden verschickt, es wird über den PC telefoniert und konferiert. Riesige Datennetzwerke verbinden alle Anschlüsse weltweit und erlauben den ungebremsten Daten- und Informationsaustausch bis in die hintersten Winkel der Welt. Neben unzähligen PCs als Sende- und Empfangsgeräte sind riesige Datenverarbeitungszentren notwendig um dies zu ermöglichen. Und das alles braucht jede Menge Strom.

Die Stromerzeugung ist eine der Hauptursachen des Kohlendioxidausstoßes, der in hohem Maße zum Treibhauseffekt beiträgt. Durch den großen Energiebedarf ist die Informations- und Kommunikationstechnik weltweit für zwei Prozent der CO2-Emissionen verantwortlich. Jeder PC-Arbeitsplatz verursacht pro Jahr Stromkosten von fast 65 Euro, Marenostrum, der größte Supercomputer in Europa, verbraucht zwei Millionen Euro an Strom Jahr für Jahr. Die Datenmenge im Internet verdoppelt sich alle vier Monate, der Energieverbrauch der IT erhöht sich alle drei Jahre um 50 Prozent. Der Beitrag der IT zum Klimawandel ist ähnlich hoch wie der des weltweiten Flugverkehrs. (1), (2), (3), (4)

Dabei ist der Energieverbrauch für den Betrieb nur ein Aspekt von vielen. Der Bedarf für die Produktion von IT-Geräten ist eigentlich weit wichtiger schließlich wird bis zu 80 Prozent des gesamten Energieeinsatzes bei der Herstellung verbraucht. Das Thema Müllberge durch Elektroschrott ist ein weiterer Negativaspekt, der von den schnellen Innovationszyklen der Branche sehr gefördert wird.

Giftige Stoffe wie Blei, Quecksilber, Cadmium und Flammschutzmittel finden sich heute noch in fast jedem PC oder Bürogerät. Nur die wenigsten Computer sind so gebaut, dass sich ihre Einzelteile wieder verwenden oder recyceln lassen die Recycling-Quote von Computerausstattungen liegt unter 30 Prozent.

Seit kurzer Zeit ist allerdings ein Umdenken in der Branche erkennbar. Fast jeder der großen Player der Industrie hat in den letzten Monaten verkündet, dass in Green-IT investiert wird, dass verbrauchsgünstigere Teile und Geräte auf dem Markt kommen werden und dass man auch ansonsten viel für den Umweltschutz tut. Wirklich Neues, Innovatives war dabei allerdings nicht zu erkennen und man könnte zu der Meinung gelangen, dass die Aktionen und Pressemitteilungen in erster Linie nicht die Umwelt, sondern die Verkaufszahlen verbessern sollen. (11)

Von politischer Seite soll die EU-Vorschrift Energy Using Products (EuP) helfen, die ab 2008 Grenzwerte für den Energieverbrauch von elektrischen Geräten setzt. Zu schade, dass sich die Grenzwerte an den Verbrauchszahlen der schlechtesten Hersteller ausrichten und so wenig Ansporn für die Entwicklung von Energiespargeräten bieten. Auch in den Wirtschaftsunternehmen ist der Umweltschutz noch nicht so richtig angekommen. Obwohl 85 Prozent der Unternehmensverantwortlichen angespornt von stetig steigenden Stromkosten - behaupten, dass Umweltschutzfaktoren für die IT-Planung wichtig sind, gibt es noch kaum schriftliche Anweisungen dafür, ob und wie diese Faktoren bei Kaufentscheidungen zu berücksichtigen sind. Entsprechend niedrig ist (noch) die Nachfrage nach Energiespargeräten und Systemen. (1), (5), (6)

Technische Möglichkeiten

Green IT ist weder ein genormter noch ein geschützter Begriff. Er wird daher von den IT-Unternehmen in unterschiedlichster Weise für Werbezwecke verwendet. Der eine wirbt mit Green IT, weil seine Videokonferenzplattform dabei helfen soll, die Anzahl von Geschäftsreisen um 20 Prozent zu verringern. (7)

Andere versprechen großen Datenzentren, dass bis zu 42 Prozent der Energiekosten eingespart werden können. Dazu müssen allerdings umfangreiche Beratungsleistungen eingekauft und Hard- und Softwareinvestitionen getätigt werden, die sich erst nach Jahren amortisieren werden. Der Einsatz regenerativer Energiequellen für die Stromversorgung wird ebenfalls mit dem Label Green IT versehen. (3), (4), (7)

Heute übliche Hochleistungs-Mikrochips sind Stromfresser, die dabei jede Menge an Abwärme produzieren. PCs und noch viel mehr die großen Rechenzentren brauchen daher oftmals genauso viel oder sogar mehr Strom für die Kühlung als für den eigentlichen Betrieb. Mit entsprechend neuen Technologien wie der Blade-Architektur, mit durchdachter Planung der IT-Infrastruktur, mit Power Management Software und besserer Kapazitätsnutzung kann fast die Hälfte des Energieverbrauchs in Rechenzentren eingespart werden. Denn weniger aktive Mikrochips und Speicher brauchen auch weniger Kühlenergie. (4), (8), (9)

Für Firmen-Netzwerke ab 50 Mitarbeiter könnte es lohnend sein, die PC-Arbeitsplätze auf Thin Clients umzustellen. Diese Geräte dienen als einfache Eingabe- und Lesegeräte, Rechenfunktionen und Datenspeicherung finden auf den angeschlossenen Servern statt. Thin Clients brauchen nur rund ein Zehntel des Stroms von Desktop-PCs. Die Umstellung von Desktop auf Notebooks spart zwar fast genauso viel Energie, ist aber in der Anschaffung wesentlich teurer. Ein kritischer Blick auf IT-Ausstattung lohnt sich also auf jeden Fall. (4), (8), (9)

Vorreiter in Sachen Umweltschutz ist die Firma Fujitsu Siemens Computers (FSC). Schon seit 1994 tragen die FSC-Computer das Umweltschutzzeichen Blauer Engel, seit 2002 bietet das Unternehmen Grüne PCs an, die nicht nur ausgesprochen stromsparend arbeiten, sondern auch besonders umweltgerecht produziert werden. Die Bezeichnung Green PC ist hier tatsächlich zutreffend, sofern man bei Elektrogeräten überhaupt von grün sprechen kann. (2)

Fallbeispiele

IBM hat angekündigt, künftig 1 000 Experten auf grüne Technologien zu spezialisieren. Eine Milliarde Dollar soll investiert werden. Das eigene Datenzentrum soll bis zum Jahr 2010 so ausgebaut werden, dass bei doppelter Leistung nicht mehr Strom als heute verbraucht wird. Dadurch will man 500 Millionen Dollar einsparen. Zur Kühlung von Rechenzentren hat IBM eine neue Anlage im Angebot. Diese Data Center Stored Cooling Solution wurde zum Best New Energy Product ernannt. (5), (10)

Fujitsu Siemens verkauft nicht nur Grüne PCs, sie haben auch bei allen 10 600 firmeneigenen PCs die Power Management Funktionen so eingestellt, dass pro Jahr 40 000 Euro an Stromkosten eingespart werden. (2)

Der Webhoster Strato hat nicht nur seine Server-Infrastruktur auf Stromspar-CPUs umgestellt, sondern kauft den zum Betrieb notwendigen Strom zu 100 Prozent von regenerativen Quellen. (3)

Durch Nutzung der selbstentwickelten Telekonferenzplattform TelePresence will Cisco zukünftig 20 Prozent aller Geschäftsreisen vermeiden. Allein in Deutschland rechnet man mit Einsparungen von 155 Millionen Dollar. (7)

Weiterführende Literatur

(1) Gartner identifiziert DV als großen Verursacher von CO2-Emissionen IT-Chefs ignorieren Umweltfrage
aus Computer Zeitung, Heft 19, 2007

(2) Die Umwelt spielt eine immer wichtigere Rolle
aus Government Computing, Heft 07/2007, S. 14

(3) Green Computing: Serverpark dank Wasserkraft

aus PC-Welt Online, Meldung vom 03.07.2007

(4) Projekt Big Green soll die Umwelt entlasten und Big Blue viel Geld in die Kassen spülen IBM sieht großes Geschäft mit grüner IT
aus Computer Zeitung, Heft 21, 2007

(5) Erst der Anfang einer grünen Flut
aus VDI NR. 26 VOM 29.06.2007 SEITE 12

(6) IT Managers Have Green On Their Minds, But Not On The Books, Says Report; Environmental factors are important, report shows, but only 25% of managers have written green criteria into their purchasing processes, largely due to lack of soup-to-nuts product strategies.
aus Information Week, United States (INFOWEEK) (2007) page NA

(7) Töpfer appelliert für Green IT
aus Macwelt Online, Meldung vom 09.05.2007

(8) O.V., Energie sparen kann teuer werden, Computerwoche, 16.03.2007, Nr. 11, S. 8
aus Macwelt Online, Meldung vom 09.05.2007

(9) Vergeudung im Rechenzentrum weicht dem Effizienzgedanken
aus VDI NR. 26 VOM 29.06.2007 SEITE 12

(10) O.V., IBM entdeckt ihr grünes Gewissen, Computerwoche, 18.05.2007, Nr. 20, S. 10
aus VDI NR. 26 VOM 29.06.2007 SEITE 12

(11) Noch fehlen Standards für das Messen von Effizienz Grünes Rechenzentrum braucht dezentrale Energieversorgung
aus Computer Zeitung, Heft 29, 2007, S. 8

Impressum

Green IT - die Kommunikationsbranche hat den Umweltschutz entdeckt

Bibliografische Information der deutschen Nationalbibliothek

Die Deutsche Nationalbibliothek verzeichnet diese Publikation in der deutschen Nationalbibliografie; detaillierte bibliografische Daten sind im Internet über http://dnb.d-nb.de abrufbar.

ISBN: 978-3-7379-1478-9

© 2015 GBI-Genios Deutsche Wirtschaftsdatenbank GmbH, Freischützstraße 96, 81927 München, www.genios.de

Alle Rechte vorbehalten. Dieses Werk ist einschließlich aller seiner Teile – z.B. Texte, Tabellen und Grafiken - urheberrechtlich geschützt. Jede Verwertung außerhalb der Grenzen des Urheberrechtsgesetzes bedarf der vorherigen Zustimmung des Verlags. Dies gilt insbesondere auch für auszugsweise Nachdrucke, fotomechanische

Vervielfältigungen (Fotokopie/Mikroskopie), Übersetzungen, Auswertungen durch Datenbanken oder ähnliche Einrichtungen und die Einspeicherung und Verarbeitung in elektronischen Systemen.